Patrice FROISSARD

Les vérités
d'un comtois révolté

I0117557

A tous les indignés

Préface

Chers lecteurs,

J'ai pris la liberté d'écrire ces pages, tout simplement parce que je suis révolté par cette société soumise, qui nous mène droit dans le mur en nous faisant croire que demain tout ira bien, alors que tout va de plus en plus mal.

En m'exprimant ainsi, je me défoule pour une grande majorité de Français qui n'a peut-être pas les moyens de s'exprimer, mais qui n'en pense pas moins. Vivre dans ce contexte continuel, pourrait faire de nous de véritables révolutionnaires en puissance. Ce sont les vérités d'un comtois révolté.

Espérant un avenir meilleur.

Je remercie les lecteurs qui par l'acquisition de cet ouvrage auront contribué à une partie de son financement, et auront compris ma désapprobation ainsi que ma désillusion.

Amicalement vôtre

Patrice FROISSARD

Les vampires du système

Ouvriers, artisans, commerçants, agriculteurs, nous ne sommes pas responsables du surendettement de la France. Nous connaissons le prix d'une baguette de pain, ou d'un ticket de métro. Des fa- milles se déciment, suite à l'inaccessibilité d'associations d'aide à la personne. On vous envoie dans différentes structures administratives en sachant très bien que les réponses seront négatives, vous êtes réduit à néant.

Les plus faibles se retrouvent dans la rue, plongent dans la drogue, à ce niveau vous êtes vulnérables, inoffensifs, vous devenez un animal docile des salles de shoot accessibles à cet effet. Pourquoi la drogue, pourquoi le suicide ?

Tout cela est dû à l'appauvrissement des populations sans aucune ambition. Les dépenses abusives et phénoménales de nos dirigeants en sont le principal fléau, de par leurs salaires et leurs gestions! Les improductifs vont bientôt dépasser les actifs.

Comment un ouvrier, touchant un salaire de 1100€ par mois, accablé de charges et de taxes injustifiées, peut faire vivre sa famille ? Il ne faut pas être expert-comptable pour en constater l'impossibilité.

Ce phénomène de désordre économique, budgétaire et social va devoir prendre fin, ou bien une catastrophe est inévitable.

Face à une oligarchie dictatoriale, assoiffée d'orgueil, de pouvoir et d'argent, nous devenons les misérables du 21ème siècle.

Tous unis, nous devons retrouver, la liberté, l'égalité, la fraternité.

Si vous n'avez plus de raison de vivre, essayez de vivre pour une raison !

Vive la France.

La commémoration du 11 novembre

Cet anniversaire commémore la fin de la guerre 1914-1918 il est fêté chaque année par le peuple français, ainsi qu'un gouvernement qui lui-même brade la France à l'étranger, alors que nos poilus se sont battus pour sauver notre patrie.

Cette France qui n'est plus souveraine, gérée par les technocrates de Bruxelles.

Toutes ces guerres déclarées par nos supérieurs hiérarchiques, qui ont servi à faire des hommes de la chair à canon, et qui maintenant se moquent de plus en plus d'un peuple désemparé ne sachant plus que faire, s'appauvrissant de plus en plus, ne croyant plus aux promesses non tenues.

Nos politiciens et leurs lois

Tous ces politiciens gouvernent et votent des lois qu'eux-mêmes n'appliquent pas toujours. Certains sont corrompus, condamnés et réélus pour gouverner. Comment peut-on montrer l'exemple dans ces conditions ?

Ces gouvernants touchant des indemnités démentielles injustifiées, non imposables, pendant que le peuple doit se plier à une restriction sans fin, soumis à des taxes et des impôts aberrants.

Où est l'abolition des privilèges dans cette république ?

Comment pourra-t-on éliminer les braquages, le terrorisme dans ce contexte que l'on nous impose, en amplifiant ce problème ?

La corruption

Comment des juges, des avocats, des policiers puissent être corrompus à ce niveau hiérarchique, alors qu'ils sont assermentés, c'est incroyable ! Comment prôner l'exemplarité, alors qu'en contrepartie, d'honnêtes citoyens se trouvent condamnés à des peines de prison, suite à des erreurs judiciaires qui quelquefois pousse des innocents au suicide par désespoir, c'est inacceptable ! Il a eu tort de se trouver là, à ce moment-là, en cet endroit.

Le bien devient mal, j'ai l'impression que les choses s'inversent comme les pôles de notre planète. La nature devient folle, comme l'homme devient fou !

Toujours les mêmes qui paient et qui subissent un désordre phénoménal par un manque de civisme imposé par certains, dû à la négligence de nos dirigeants, dont il faudrait peut-être qu'ils étudient rapidement de nouvelles sanctions beaucoup plus sévères pour les vrais coupables...

Le pouvoir

Ces pitbulls enragés, enivrés d'orgueil, de pouvoir et d'argent, se battent pour dominer et gérer un pays, puis en tirer le plus grand profit.

Du caviar au homard, pendant qu'un peuple se serre la ceinture et se nourrit pour certains de produits périmés ou avariés. Voyager pendant que le français moyen se trouve emprisonné dans un système, manquant de moyens financiers, sans pouvoir s'envoler vers une autre destination dans l'attente de repartir au turbin trente jours après, poursuivant une vie monotone, travailler, manger, dormir, devenir un robot poussé par un système dictatorial ne faisant plus face à ses dépenses journalières.

L'esclavage

L'esclavage n'est pas vraiment aboli, nous sommes les nouveaux nègres d'un système subit. Travailler de plus en plus, et gagner de moins en moins. Pendant que certains mangent du caviar et du homard, d'autres ne mangent plus à leur faim, et couchent sous les ponts.

Il faut que ces vampires responsables arrêtent avant qu'il ne soit trop tard.

Nos enfants vont être les héritiers directs de ces procédés qu'il faut détruire.

Il faut mettre en place de vrais gestionnaires qui ne dépensent pas plus qu'ils ne gagnent. Non seulement on ne peut plus vivre mais bientôt plus survivre.

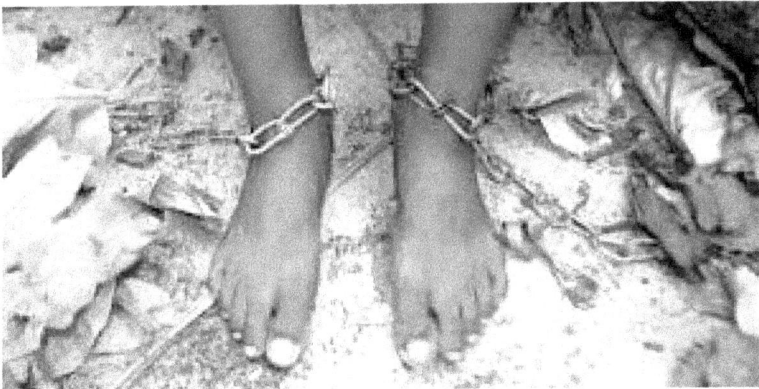

L'administration

Les administrations freinent vos projets, se référant à des textes de lois alors que beaucoup en négligent les règles. Les obligations ne sont pas toujours appliquées.

Malgré la présentation de tous les documents nécessaires, des maires récalcitrants font barrage avec certains de leurs citoyens avantageant les uns au dépend des autres.

Pourquoi ne pas mettre tout le monde sur un même pied d'égalité ?

Nous devenons les victimes d'un abus de pouvoir, infligé par le premier degré hiérarchique, quelque fois même corrompue.

Importation exportation

Un phénomène abusif et intolérable, un échange extraordinaire.

Comment est-ce possible que l'on puisse échanger des produits identiques aux nôtres, quand on nous demande tous les jours de lutter contre la pollution ? On parle d'économiser l'énergie, on conseille à l'honnête citoyen de prendre son vélo, les transports en commun, faire du covoiturage, pendant que certains se déplacent avec des escortes de plusieurs véhicules. C'est invraisemblable ! On accepte une importation ou une exportation massive et abusive de légumes, fruits de même nature que sur notre continent, faisant inutilement des milliers de kilomètres, pour un simple échange. C'est tout de même un problème majeur que l'état pourrait clarifier dans l'intérêt de l'écologie et de l'économie.

Nos dictateurs regrettés

Les dictateurs qui maintenaient la paix dans leurs pays, ont été a déstabilisés, humiliés et supprimés comme des animaux à l'abattoir. Ils ont été remplacés par des régimes anarchiques qui ont entraîné des innocents dans la guerre, la haine, la famine et la souffrance.

Comment peut-on dire qu'un pays puisse être dictatorial ? Est-ce que les peuples ne subissent pas tous une dictature, différente les unes des autres, sous différentes formes ? Exemple : par l'impôt perpétuel affaiblissant de plus en plus le citoyen, démuni d'argent, ponctionnant son compte bancaire, lui laissant tout juste une petite somme pour essayer de vivre, ou plutôt survivre, est-ce que les coupables de cette sanction pourraient subvenir à leurs besoins avec 470.€ par mois d'indemnités ?

Quelle honte !

Civilisation

Ces peuples que l'on dit civilisés, qui détruit la nature et les paysages en remplaçant le cheval par la voiture, la maison en bois par des blocs de béton, choisissant une vie programmée comme celle d'un robot. On détruit et extermine l'aborigène, comme on a anéanti les tribus indiennes en leur faisant vivre une apocalypse, détruire toujours détruire pour des masses d'argent, qui profitent toujours aux mêmes, sacrifiant l'homme à leurs propres intérêts, le gorgeant de gaz carbonique, le bourrant d 'antibiotiques.

L'homme deviendrait-il un mutant ?

Une vraie compétition

Nos candidats aux élections, parlent toujours de gagner le droit de gérer la France ou plutôt de purger la France. Comment peut-on parler de gagner, quand il s'agit de conduire une nation dans la bonne direction ?

Il n'y a rien à gagner, quand on est un élu correct, on doit soi de même tout donner pour l'honnête citoyen. Mais c'est tout autre. On profite du système sur le dos du pauvre contribuable, c'est la raison du nombre exorbitant des représentants résidants de la république pendant un laps de temps.

Ils se battent comme des bêtes pour garder la part du gâteau le plus longtemps possible, et le peuple se trouvent toujours à son niveau d'appauvrissement.

Le surendettement

Le peuple n'est pas responsable de la dette nationale, ainsi que des capitaux qui partent à l'étranger.

Plusieurs questions sont à poser ! Où passent les cotisations phénoménales des entreprises et l'argent du contribuable surtaxé ? Alors qu'en contrepartie les services publics, les remboursements de la sécurité sociale et les pensions des retraités s'amoindrissent de plus en plus.

Les entreprises délocalisent en masse, celles qui sont encore debout sont frileuses à l'embauche, et un grand nombre d'entre elles sont en train de mourir, ce qui est tout à fait normal vu les taxes, et les charges exorbitantes qu'elles doivent supporter !

Ce n'est plus viable.

Le gouvernement trop friand de ces taxes, en sera bientôt dépourvu.

Un militant en colère

Comment des étudiants peuvent-ils manifester alors qu'ils n'ont jamais connu le monde du travail, qu'ils ne connaissent pas le chômage et la misère que les actifs subissent contre leur volonté et n'arrivent plus à joindre les deux bouts.

Où est la liberté républicaine si on ne peut être représenté que par notre oligarchie corrompue, qui nous conduit toujours à des résultats catastrophiques ? Comment ne pas attiser la haine et la colère dans un tel contexte ?

Comment peut-on affirmer qu'un parti soit raciste ou xénophobe sans avoir lu ou compris son programme.

L'Europe ne peut pas se construire avec des pays socialement inégaux, les uns appauvrissant les autres.

La démocratie

Où est la vraie démocratie, quand on accepte uniquement les partis de gauche et de droite en voulant faire barrage aux autres à tout prix. On néglige par exemple les militants du FN en les prenant pour des pestiférés, alors qu'ils sont tout autres. Il va falloir stopper cela, les partis traditionnels font naître la haine.

Comment peut-on critiquer des partis qui n'ont jamais dirigé le pays ? Comment peut-on continuer dans un tel pétrin, où la pauvreté s'accentue de jour en jour, que les familles ne pourront bientôt plus se loger et se nourrir même en travaillant ?

C'est la raison pour laquelle le peuple devra changer de gouvernants, ou bien les gouvernements successifs devront changer de méthode !

Les guerres

Ces guerres à tendance religieuse, qui depuis le début des temps, ont toujours le même but, détruire pour reconstruire. Se battre pour une même nature, pour un même dieu tel est la loi de notre monde.

Naître plus ou moins pour souffrir, puis mourir tel est notre destin, pourquoi l'aggraver prématurément ? Beaucoup cherchent mais n'ont pas encore trouvé puisque tout est fait pour continuer.

Une nature cruelle pour l'homme et l'animal, les obligeant à lutter constamment contres ses attaques vengeresses truffées d'embûches inattendues. Des pièges qui quelquefois entravent la vie, une punition pas toujours méritée, acceptée ou repoussante que l'on doit supporter jusqu'au repos éternel.

Telle est notre présence éphémère dans l'univers.

Le racisme

Le racisme attise la haine et la peur de l'autre. Souvent par une couleur de peau, qui n'a rien à voir avec le comportement de l'individu. Dans toutes les ethnies il y a malheureusement des malades, en faire un amalgame peut entraîner de graves conséquences. Plus l'immigration sera importante et incontrôlable, plus les effets seront perturbateurs, c'est une logique. Ce phénomène devra être limité.

Chaque nation a ses contraintes et ses habitudes, et ne peut les imposer à une autre.

L'immigration

Chaque nation doit s'occuper de son propre peuple. On ne peut pas accepter toute la misère du monde. Les Français deviennent à leur tour des misérables, en perdant tout ce que leurs aînés leur ont laissé en héritage par la sueur de leur front et la force de leurs bras.

Il n'y a aucune arrière-pensée dans cette théorie, mais simplement une logique: une nation ne doit pas profiter d'une autre nation.

Chacun doit vivre, travailler et produire sans piller son voisin.

Un peuple qui se révolte contre son gouvernement, ne le fait jamais sans raison.

Le pôle emploi

Ces figurants de pôle emploi, à qui il manque l'arme fatale: le travail.

Comment est-t-il possible d'éradiquer le chômage en sachant très bien que les entreprises ferment les unes après les autres, et que celles qui sont encore debout sont frileuses à l'embauche, ne sachant pas si demain elles seront encore performantes. Je pense qu'il ne faut pas rêver, tant que les peuples seront dans l'inégalité sociale, rien ne pourra fonctionner correctement.

Le gouvernement actuel essaie de rendre les pays émergeant à égalité avec nous, en enfonçant socialement le nôtre vers le bas.

Le chômeur

Comment un chômeur indemnisé, peut-il chercher du travail alors que son indemnité dépasse le salaire moyen, par la suppression des frais de déplacements, ainsi que le bénéfice des allocations logement ? Un chômeur touchant un salaire de neuf cents euros par mois a tout à gagner sur les avantages sociaux. Contrairement à un ouvrier gagnant mille deux cents euros, qui n'aura droit à rien, mais en contrepartie le droit de payer.

Il faut revaloriser le travail, diminuer les charges sociales pour augmenter les salaires, ce qui me paraît impossible vu le nombre d'improductifs qui s'accroît de plus en plus.

Certains cherchent la solution, mais je crains qu'elle ne soit introuvable.

Le travail au noir

Comment un gouvernement, peut-il sanctionner un petit artisan qui travaille au noir, pour recevoir de modiques sommes d'argent, afin d'acheter son pain et d'essayer de manger à sa faim, alors que d'autres se gavent de caviar et de homard, en se couvrant de millions d'euros, ne sachant plus quoi en faire, en toute illégalité et impunité. Plus les impôts et les taxes seront élevés, plus le travail au noir ne se développera. L'artisan qui travaille se trouve ponctionné par l'impôt, ainsi que le consommateur par les taxes, en sachant qu'ils ne perçoivent pas des paies de ministres, mais plutôt des salaires de misère ne pouvant plus subvenir à leur besoin. On ne peut plus distribuer et gaspiller l'argent que les actifs ont acquis, par leur volonté, pour entretenir une France qui se trouve maintenant trahie, en plein déclin, ils n'en sont pas responsables. Que ceux qui ont le pouvoir de stopper cette gabegie destructive d'un système qui nous mène à la misère, puissent se manifester rapidement avant qu'une situation anarchique ne se développe.

L'embauche des séniors

Vous vous présentez dans une entreprise, on commence par vous regardez et à vous expliquer que c'est pour une longue durée. Après maintes réflexions, je pense que vous ne ferez plus beaucoup de kilomètres et que vous êtes bon pour la casse.

Les banquiers qui d'ailleurs font la même analyse, vous enterrent avant que vous ne soyez mort ! Plus de prêts, vous êtes trop âgé.

Le gouvernement essaye de résoudre le problème à l'embauche des séniors, je crains qu'ils n'y parvienne, pour la bonne et simple raison c'est que les jeunes sont très nombreux en manque d'emploi, qu'il n'y a pas de place pour tout le monde, et qu'en plus la libre circulation n'est pas là pour diminuer ce fléau qu'est le chômage. Un problème que personne ne résoudra, sauf dans le cas d'un bouleversement politique métamorphosé.

RSA revenu de solidarité active

Une aide plutôt virtuelle que réelle, qui n'est pas donnée à tous et à ceux qui la méritent le plus. Elle remplace le RMI revenu minimum d'insertion, cette appellation a tout simplement changé de nom. Seuls les citoyens ne possédant rien ou pas grand-chose, peuvent profiter de cette allocation.

Le propriétaire surendetté ne peut en bénéficier. Il peut crever, il n'a plus que les yeux pour pleurer, malgré les taxes abusives qu'on lui ponctionne. Il faut vendre vos biens si vous le pouvez pour vous nourrir et plus tard dormir sous les ponts, perdant tout pouvoir, devenant un animal errant, perdant tout repère, ne sachant plus que faire. Pour certains ils sombrent dans l'alcool ou la drogue, s'enfoncent dans la pauvreté et la déchéance. Ce sont les conséquences d'une société aveugle et désespérée ne sachant plus se diriger et se gérer, que l'on nous inflige avec détermination.

Le Smic

Salaire minimum !

Qui n'est pas un avantage pour le diplômé, mais plutôt un piège. Ce processus dévalorise la position hiérarchique de l'ouvrier, une femme de ménage sera rémunérée comme un ouvrier qualifié ayant suivi des études, il se trouve sous payé, comment peut-il avoir la foi, et l'envie de travailler, dans ces conditions ? A quoi les études peuvent-elles servir, si au final vous êtes presque réduit en esclavage avec un salaire de misère ? Donc si vous trouvez du travail, c'est à prendre ou à laisser, on n'a pas le choix. Pour essayer de vivoter vous acceptez cela: payer les assurances, l'entretien du véhicule, votre loyer, etc. Ne serait-on pas mieux sur une île déserte, chasse, pêche, bananes, noix de coco, loin de cet enfer qui nous ronge de jour en jour, sans but précis et sans avenir ?

L'alcool

L'alcool au volant, la mort au tournant. On informe les conducteurs sur le danger de l'alcool, mais malgré tout, des récalcitrants tiennent tête et ne se gênent pas pour prendre le volant. Ce manque de civisme et de conscience font de ces gens des meurtriers qui déciment des familles. Ces assassins de la route à qui on devrait retirer le permis à vie. On a réglementé la vente d'alcool dans les stations- services, pourquoi ne ferions-nous pas de même pour les boîtes de nuit à partir d'une certaine heure ? Est-ce que le tiroir-caisse est plus important que la vie d'autrui ?

L'alcootest anti démarrage sera un bien, mais jusqu'où allons-nous pousser la technologie, pour endiguer la bêtise humaine ?

Le braqueur

Il va falloir qu'il assume ses propres responsabilités, il est en danger, c'est bien pour nous, et mauvais pour lui.

La majorité de citoyens corrects va commencer à se rebeller, ce qui est normal. La plupart des gens qui ne veulent rien faire, et qui ne feront jamais rien, deviennent un vrai fléau pour notre société. Maintenant, les commerçants travaillent prenant de gros risques, parce que d'autres s'empressent de les dérober en les braquant et même se permettant de leur supprimer la vie. Se trouvant condamnés à des peines dérisoires, pas toujours appropriées à la gravité du délit.

Cela ne peut continuer, alors que d'autres se trouvent punis de prison sans avoir commis la moindre faute.

La cigarette

L'addition de produits d'accoutumance dans la cigarette, est faite pour rendre l'individu dépendant.

Les tarifs exorbitants de ce poison mortel freinent très peu de fumeurs, se trouvant obligatoirement malgré leur volonté esclaves de ce fléau, les obligeant à mettre la main au porte-monnaie.

L'invention de la cigarette électronique est une taxe de plus pour les accros qui essaient de s'en sortir, sans en connaître la nocivité. La publicité sur le tabac est interdite, mais malgré tout on expose par le biais des médias ou d'émissions télévisées des fumeurs en action.

Le fumeur doit prendre conscience qu'il s'empoisonne et mourra prématurément, dans des souffrances atroces.

Seule la volonté peut arrêter son lent suicide.

Les conservateurs

Ces conservateurs chimiques d'aliments de consommation qui ne sont pas toujours fiables, et qui peuvent être un poison s'ils sont consommés continuellement tel l'E330 qui est cancérigène.

Comment se fait-il que ce conservateur n'est pas présent dans tous les aliments, certains en ont et d'autres pas malgré leur nature identique. Il faudrait approfondir ce problème qui peut être éviterait beaucoup de cancers, qu'il ne suffit pas de fumer ou de boire pour être atteint de cette maladie, mais simplement par une alimentation bourrée de conservateurs difficilement assimilables par l'organisme. Les indications ne sont pas toujours lisibles, de par leur petite écriture, petits étiquetages, encore faut-il le savoir, et connaître les effets de ces produits, dont certains sont inoffensifs

Avant d'acheter vos denrées, tous à la lecture, et à la recherche des poisons qui peuvent vous atteindre !

La vieillesse

Vieillir, c'est bien pour certains et mal pour d'autres. Nous sommes tous confrontés à la maladie, avec plus de chance à la mort subite. Prolonger la vie est une bonne chose, mais dans quel état ?

Nous sommes un moteur humain avec certains organes se détériorant, au fil du temps, mais malgré tout nous continuons à vivre, plus mal que bien. La médecine n'a pas encore trouvé ou plutôt n'est pas encore en mesure de fabriquer des organes artificiels.

Tous les organes du corps sont utiles, plus on en supprime, plus cela devient compliqué, les remplaçant par des produits de substitution, qui finissent par se dégrader et à ne plus produire leurs effets.

Une souffrance qui quelque fois devient insupportable.

Nous devenons des automates contrairement à notre volonté.

La retraite

On augmente les cotisations sociales et patronales obligatoires, et on diminue les pensions des ouvriers pendant que certains touchent des indemnités de retraite exorbitantes alors qu'ils ont travaillé peu et pas longtemps.

L'ouvrier cotise dans différents organismes sans lui en donner le choix, de par son travail qui n'est pas toujours passionnant jusqu'à l'usure, souvent sans profiter longtemps de son arrêt mérité. Après toutes ces années de labeur, arrive le temps du repos et des loisirs, entravé d'obstacles pécuniaires institués par notre état.

Combien pourront travailler jusqu'à 67 ans, alors que beaucoup sont atteints de maladie bien avant ?

Comment les jeunes peuvent-ils travailler pour cotiser, si les séniors sont toujours en activité ?

Une grande difficulté qui ne sera pas simple à traiter.

L'avortement

L'avortement est immoral, mais dans certains cas c'est une obligation.

Comment, à notre époque, se trouver dans une telle situation, alors que des moyens existent pour pallier à ce problème ?

Comment une adolescente va pouvoir élever un enfant, alors que la plupart du temps elle ne peut s'assumer elle-même ?

Comment une femme va pouvoir élever un enfant si elle n'a pas les moyens de gagner sa vie correctement ?

On fait de la prévention dans tous les domaines, l'alcool, la drogue, la cigarette, mais rien n'y fait. C'est tout simplement un manque de civisme de la part de toute une nouvelle génération, qui contribue à sa perte.

La peine de mort

Pourquoi abolir la peine de mort ? Pour les assassins, les violeurs, et les pédophiles, alors qu'on ne se gêne pas pour bombarder des villes et tuer des centaines d'innocents qui ne demandent qu'à vivre tranquillement. C'est incompréhensible !

Ces guerres qui profitent à certains, en réduisant à néant les citoyens moyens d'un état subissant des déboires, sans en connaître vraiment les aboutissements. Anéantissant des familles, les faisant souffrir, les condamnant à mort sans motif.

Comment peut-on faire payer des êtres humains en prenant leur vie sans raison ?

Le suicide

On nous bassine avec les accidents de la route en limitant la vitesse, alors que la plupart sont dus à la drogue, à l'alcool et à l'inconscience de certains qui s'endorment au volant.

Un automobiliste tout à fait sobre qui roule à 100 km heure est moins dangereux qu'un drogué qui roule à 50 km heure.

Quand on parle de morts sur les routes, on nous parle moins du nombre de décès par suicide de jeunes ou d'actifs, poussés par cette société soumise, sans avenir, sans travail, sans espérance, en faisant croire que tout s'améliore, alors que tout s'effondre, seules les autruches peuvent y croire.

Que ces jeunes qui n'ont plus de raison de vivre, vivent pour une raison.

Qu'ils se battent pour une bonne cause, celle d'un avenir meilleur.

Le Sida

(Syndrome immunitaire déficient acquis)

Cette maladie attaque les défenses immunitaires, et on ne connait pas bien ses origines.

Certains sont contaminés à leur insu, et malheureusement pour d'autres involontairement. Quand on parle de minimiser cette épidémie, un dépistage obligatoire devrait être réalisé sur toute la population comme on le fait pour certains cancers, en prévention d'une éventuelle contamination. Cette mesure éviterait la propagation épidémique de cette maladie infectieuse et mortelle, dont la plupart sont peut être porteurs et l'ignorent.

Je ne comprends pas pourquoi on n'applique pas ce principe, alors que tous les ans un vaccin contre la grippe est conseillé, pour éradiquer une éventuelle épidémie.

L'école

Comment peut-on développer le cerveau d'un enfant, si la machine à calculer et l'ordinateur le remplace ?

Le jeune se trouve drogué par ces technologies dès le premier âge, profite dans le même temps de jeux vidéo, plus ou moins violents, qui le déboussole au fil du temps, il ne compte plus, il ne lit plus, n'écrit plus, il appuie sur des boutons qui le dirigent vers différents concepts lui inculquant des idées quelquefois délirantes en transformant son cerveau en microprocesseur court-circuité, qui quelquefois le fait disjoncter. Il se trouve déprogrammé de la réalité de la vie.

A ce niveau, il ne se sert plus de ses mains, pour fabriquer, construire, mais simplement pour taper sur des touches.

Revenons au travail manuel dès le plus jeune âge, dirigeons les ados vers d'autres, méthodes qui peut-être éviteront à certains de courir à leur perte. Que les responsables fassent connaître une autre conception de la vie à nos jeunes, futures générations !

Le permis de conduire

Les tests de simulations et réels devraient être réalisés pour chaque automobiliste tous les cinq ans, ainsi qu'un bilan de santé, puis à un certain âge, tous les deux ans comme les utilisateurs de poids lourd.

Les réflexes peuvent s'amoindrir suivant la santé de l'individu, ainsi que par son hygiène de vie, celui-ci se trouvant inapte, se verrait automatiquement privé de conduire, c'est une logique pure et simple. Dans ce cas, beaucoup de drames de la route pourraient être évités. On fait la visite obligatoire du véhicule, pourquoi pas celle du pilote qui est encore plus importante.

De même la limitation de puissance des voitures devrait étudiée, tout comme celle des motos pour les jeunes conducteurs.

Certains accidents mystérieux, seraient élucidés.

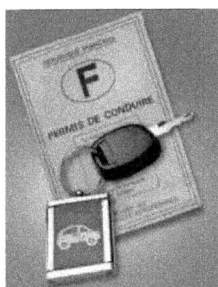

Le handicap

Il y a handicapé et handicapé. Je remarque que des personnes handicapées moteur, avec une volonté exceptionnelle, sont capables d'être des sportifs de haut niveau, que beaucoup travaillent, même au volant d'un poids lourd, et que d'autres se promènent, et conduisent mais sont inaptes au travail puis pensionnés : difficiles à comprendre, alors que des retraités qui ont travaillé toute leur vie, touchent une allocation de misère et bien souvent exercent encore.

Pourquoi ces drôles d'invalides n'auraient-ils pas un travail d'intérêt public, valorisant leur pension ?

Une idée non négligeable pour l'état, qui cherche à faire des économies.

Le réchauffement climatique

Comment arrêter le réchauffement climatique ?

Il faudrait stopper les industries, et toutes les usines polluantes, revenir au temps des Gaulois, ce qui paraît impossible pour beaucoup d'entre nous.

La surpopulation en est responsable, nous sommes 7 milliards, plus on sera, plus la nature disparaîtra. Les forêts sont détruites, les constructions continuent à s'étendre, des masses de béton sont enfouies dans le sol rendant ces terrains étanches et n'épongeant plus les eaux de ruissellement, ce sont les résultats des inondations importantes, on le sait, mais nous ne faisons rien pour stopper les dégâts qui vont s'amplifier.

Autrefois, les bâtisses étaient montées sur leurs propres murs, enterrés, ce qui ne nuisait pas au drainage naturel. La maison en bois demande un minimum de fondations. Pour cela il faut du bois, et les forêts ne sont pas inépuisables !

Alors que faire ?

Le foot

Ce sport qui fait rêver et oublier tous les soucis quotidiens de la vie, ces manifestations qui brassent des millions d'euros, sur le dos du contribuable le rendant aveugle, vulnérable et euphorique. Des investissements fabuleux sur endettant encore plus une classe moyenne, ne contrôlant plus les dépenses faramineuses, et enrichissant toujours les mêmes. Que de sommes d'argent investies, pour s'approprier une petite sphère d'air comprimé.

Pendant que les spectateurs sont rassemblés dans ces immenses arènes, ils ne pensent à rien d'autre qu'à leurs gladiateurs.

Nos artistes

Certains acteurs ou chanteurs se permettent de critiquer des partis, profitant de leur notoriété pour semer la zizanie en organisant des actions concertées contre des représentants politiques qui ont tout simplement une autre image du peuple, et un programme différent pour diriger le pays. Ces vedettes n'ont pas de problèmes de fin de mois, contrairement à une majorité de citoyens qui se trouvent rackettés par l'exagération de taxes et d'impôts iniques qui deviennent une contrainte inconsidérée, inacceptable, dépassant bientôt les revenus du travail. Nous plongeons de plus en plus dans une pauvreté exaspérante, pendant que d'autres vivent dans un milieu luxueux.

Un grand nombre de ces artistes, désertent la France avec raison, par ce qu'ils en ont les moyens. Ils s'expatrient, évitant justement ces mesures abusives.

L'impôt

Nous ne pouvons plus payer l'impôt, nous sommes réduits à vendre nos biens, faute de payer nos taxes injustifiées, suite aux dépenses abusives de certains. Si nous continuons dans cette direction, nous allons devenir des clochards d'une nouvelle génération. Que ceux qui ont encore de la laine sur le dos ne se fassent pas d'illusion, ils se feront tondre comme les autres. La vie devient impossible dans ces conditions extrêmes que l'on subit.

Les gens qui travaillent ne peuvent plus se loger, bientôt plus manger.

Comment un gouvernement ne peut-il pas s'apercevoir des conditions dans lesquelles son peuple arrive à vivre, s'occupant d'autres nations vivant maintenant dans une déchéance totale que certains ont occasionnée ?

Nos futurs artistes

Les jeunes croient qu'en chantant ou en shootant dans un ballon, pourront faire carrière, alors que très peu réussissent, que la place est faite pour certains et pas pour d'autres, que la vie est toute autre, et qu'il ne faut pas tous les faire rêver.

Pourquoi nos émissions télévisées ne nous montreraient elles pas de jeunes apprentis en action, tous corps de métiers confondus, pour en faire eux aussi de jeunes héros, montrant leurs talents et donnant l'envie à d'autres de travailler, de créer, de produire, ce serait un encouragement, leur donnant l'envie d'être projetés dans la vie active.

Il n'y a pas de sots métiers, chacun à sa valeur, son mérite et sa destinée. A eux de suivre le bon chemin, et de combattre les aléas de la vie, que certains leur feront ou essaieront peut être de leur faire subir. Tout être qui dirige , qui veut faire quelque chose, à souvent contre lui ceux qui voudraient faire la même chose, mais qui en sont incapables. Qui que l'on soit, nous sommes tous des battants, devenant les acteurs de notre propre réussite.

Le maire

Premier échelon hiérarchique exposant sa supériorité, il était en bas de l'échelle, et tout à coup en élévation, quelquefois parce qu'il est le seul à vouloir prendre les responsabilités d'une commune sans en connaître les lois.

Il veut se faire entendre se permettant d'avantager certains, et discriminer d'autres sans aucun scrupule, exerçant un abus de pouvoir en toute impunité, pénalisant le citoyen correct qui ne se trouve pas en position de force, l'empêchant quelquefois de monter son entreprise, malgré un chômage catastrophique tout simplement par jalousie, ou pour son propre intérêt. Il suffit d'être élu pour imposer sa dictature. Mais quelquefois lui retombant dessus comme un coup de massue, par un supérieur le rappelant à l'ordre, lui expliquant qu'il ignore certaines règles.

Nul n'est censé ignorer la loi surtout dans cette position. L'avantage de prendre le pouvoir, aussi petit qu'il soit, facilite une corruption pas toujours connue.

Création d'entreprises

Vouloir créer son entreprise c'est une chose, pouvoir en est une autre.

On nous demande de plus en plus de documents administratifs, qui quelquefois nous font reculer plutôt qu'avancer. Mais malgré tout avec persévérance vous arrivez au but, qui peut vous faire stopper, quant au bout de quinze jours on vous annonce que vous devez vous inscrire aux caisses d'assurances obligatoires, pour payer vos cotisations exagérées au régime social des indépendants, comme si vous alliez tomber malade demain. En plus vous n'avez pas encore commencé votre activité. Enfin c'est toujours pour ceux qui tombent malades à votre place ! Là, vous avez envie de mettre le frein à main et faire demi-tour.

C'est d'ailleurs ce que beaucoup font et n'ont pas le choix. Si ce n'est pas de suite ça sera plus tard. On ne nous motive pas, on nous écrase ! Que faire ?

Le travail préserve la vie, arrêter c'est mourir. Il y a tout de même des limites, tout abus peut inverser la vapeur.

Richesses africaines
(Sous-sol)

Les pays africains riches de leur sous-sol en uranium, et pétrole, dont les habitants vivent un seuil de pauvreté, c'est incompréhensible ! Se trouvant dans l'obligation de s'expatrier vers nos pays européens pour pouvoir vivre, ce serait la raison d'une immigration massive incontrôlée, et on ne peut reculer devant les faits. Nos gouvernements en sont conscients. Est-ce que le terrorisme ne serait pas lié à cette politique, en faisant un amalgame avec la guerre religieuse ? Ces pays se voyant pillés depuis des années, se révoltent sous cette forme, en pensant que c'est le seul moyen de se faire entendre. Je n'arrive pas à comprendre comment ces guerriers vêtus de djellabas et turbans, peuvent tenir tête à d'autres entièrement blindés, à croire qu'avec des arcs et des flèches, on pourrait presque affronter des hommes surarmés. Je pense que s'habituer aux effets climatiques d'un pays, et à ses zones géographiques est un très grand handicap, que par ces effets, des pertes humaines sont inévitables. C'est la raison pour laquelle, des frappes aériennes ont été préférées par nos dirigeants.

La pollution

Comment peut-on relancer l'industrie automobile si on veut encore limiter la vitesse?

Comment peut-on relancer l'industrie aéronautique si on veut éviter la pollution?

Comment peut-on éviter la pollution, en diminuant le nombre de chômeurs ?

C'est un cercle infernal que l'on ne pourra combattre, d'un côté relancer l'économie et de l'autre réduire la pollution comment est-ce possible ?

Quoi que l'on fasse, la pollution va s'aggraver, c'est inévitable, ou alors tout stopper et faire un bond en arrière de 300 ans ce qui est impossible.

Nous nous trouvons pris à notre propre piège, la civilisation !

La drogue

La drogue est un fléau pour notre société, mettant les consommateurs en danger, ainsi que les autres. Le comportement d'une personne droguée peut être différant de l'une à l'autre, et la réaction d'individus sobres peut être de même. On commence à vivre dans un monde où la population va commencer à se méfier.

Les personnes vulnérables ne pourront plus vivre en sécurité, les vols, les agressions vont se multiplier. Si une politique de rigueur n'est pas établie, les gens feront leur propre justice. Le citoyen correct n'a pas l'obligation de subir le comportement inacceptable d'individus malfamés ne méritant pas la liberté.

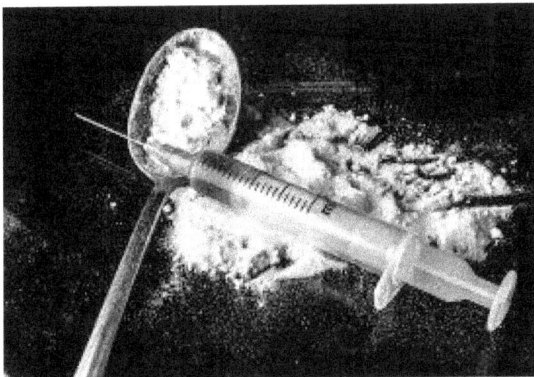

Tous pucés

Nous sommes puces comme nos amis les chiens, grâce à nos cartes bancaires, nos téléphones portables et bientôt pour couronner le tout, le portemonnaie électronique. Vous ajoutez à cela les caméras, vous vous trouvez emprisonnés en toute liberté.

Un mal pour l'honnête citoyen, un bien pour certains, toujours subir le mal des autres, qui je trouve ne sont pas toujours condamnés par les peines méritées, contrairement à quelques-uns qui s'en prennent plein la tronche pour de minimes délits, sans pouvoir s'exprimer, subissant des condamnations injustifiées, simplement établies sur des textes de loi abrogés par nos gouvernants.

Subventions

Cet argent qui n'est pas attribué à toutes les entreprises, et qui devient un impôt indirect pour le pauvre contribuable qui n'est pas toujours bien informé, sachant qu'au final c'est lui qui paie.

Certains terrains publics aménagés favorisent une certaine classe, pénalisant d'autres par des dépenses onéreuses et abusives. On présente les projets sans se soucier de l'après coût. Le citoyen moyen qui en bave déjà pour joindre les deux bouts, se trouve le dindon de la farce, travaille pour payer ce qu'il n'a pas demandé, mais qu'on lui impose sans explication.

Internet

L'ordinateur, un appareil qui facilité la communication, mais qui entraîne des jeunes dans le désespoir et quelque fois à leur perte, suite à des défis inacceptables, ainsi que des jeux vidéo insensés. Ces imbéciles qui s'en prennent à des animaux, les flanquant contre un mur, les arrosant d'essence, les faisant souffrir... quelle fierté! Ces idiots, ces malades mentaux qu'on devrait pendre haut et court, ces gens à qui on devrait supprimer internet, il faut qu'ils comprennent que des enfants accèdent à leurs conneries.

Quand est-ce que l'on pourra censurer ces saloperies? Avant que des catastrophes se multiplient encore plus.

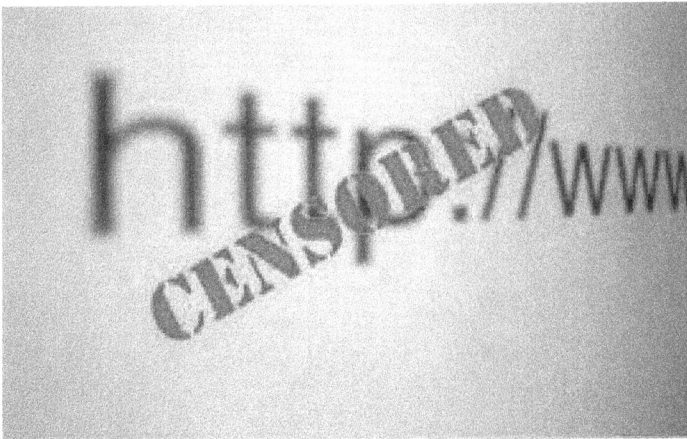

Le propriétaire

La vache à lait, tout comme l'automobiliste. Posséder pour ne rien avoir, être un robot pour payer, toujours payé!

Aucune aide ne peut vous être attribuée, même si la faim vous atteint.

Vous avez acquis votre propriété à la sueur de votre front, mais rien ne vous appartient. Les vautours sont prêts à mettre la main dessus si le règlement de vos taxes n'arrive pas à échéance précise. Une forme d'esclavage que l'on vous impose toute votre vie, pendant que quelques privilégiés n'en verseront jamais.

C'est une répétition infernale et sans fin. Travailler de plus en plus pour être taxé, et vivre de moins en moins bien.

Le banquier

Le banquier vous prête de l'argent, et à partir de ce moment vous met le couteau sous la gorge, pendant toute la durée de votre emprunt. Ne pas oublier que plus l'emprunt sera long, plus l'intérêt sera élevé, c'est-à-dire qu'un prêt à 3% sur un an, peut s'élever à 30% ou 40% sur la longévité, à la fin vous devez payer une somme astronomique, que vous ne récupérerez peut-être jamais en vendant votre bien, mais souvent le contraire. Au cas où vous ne pourriez plus honorer votre dette, on vous confisquera votre bien, et vous reviendrez à la case départ, peut être surendetté entraînant votre famille dans le désespoir.

Le banquier lui pendant ce temps a profité des intérêts, sans prendre de gros risques.

Le mensonge

La récession n'a jamais commencé, elle a toujours existé, et continue à s'amplifier pour la majorité de notre classe moyenne. Elle pourrait par enchantement disparaître. Je voudrais connaître l'enchanteur.

Le porte-monnaie de nos actifs se dégarnit d'année en année, le peuple ne fait que survivre en se sur endettant, vivant de plus en plus modestement. J'ai l'impression que tout est virtuel de façon à ce que l'on puisse nous faire sombrer dans le désespoir!

L'histoire nous montre que la révolution de 1789 n'est qu'une mascarade. Le riche domine toujours le pauvre dans le monde, l'abolition des privilèges n'est qu'un leurre.

Savoir nager dans l'eau sale est le seul recours.

Je crains que beaucoup puissent ne se noyer.

Stop

assez de mensonges

La destruction de l'homme.

Qu'on le veuille ou non, la disparition prématurée de l'homme est inévitable, nous sommes sept milliards d'individus sur cette planète, plus on sera, plus on polluera. Dans le passé ce nombre était régulé par de grands fléaux, telle que la peste ou les grippes contagieuses mortelles, qui à nos jours sont éradiquées, ce qui est un bien. La vie est ainsi faite, et pitoyablement la mort en fait partie, c'est le seul jugement qui met les hommes à égalité.

La vie est un cercle infini, la vie et la mort se succèdent, tel existe notre système naturel, compliqué à assumer quand on y pense.

Pourquoi se battre, alors que l'humain trouve la même destinée ? Et bien se battre c'est dans les gènes de l'homme, c'est ainsi.

Si l'animal se bat pour survivre, l'homme se bat pour se détruire. Cette nature est indestructible et à la fois cruelle, surpassant toutes les armées du monde, capable de paralyser des nations, par son pouvoir insurmontable.

Table des matières

Les vampires du système 7
La commémoration du 11 novembre 11
Nos politiciens et leurs lois 13
La corruption 15
Le pouvoir 17
L'esclavage 19
L'administration 21
Importation exportation 23
Nos dictateurs regrettés 25
Civilisations 27
Une vraie compétition 29
Le surendettement 31
Un militant en colère 33
La démocratie 35
Les guerres 37
Le racisme 39
L'immigration 41
Pôle emploi 43
Le chômeur 45
Travail au noir 47
L'embauche des séniors 49
RSA revenu solidarité active 51
SMIC 53
L'alcool 55
Le braqueur 57
La cigarette 59

Les conservateurs   61
La vieillesse   63
La retraite   65
L'avortement   67
La peine de mort   69
Le suicide   71
Le SIDA   73
L'école   75
Le permis de conduire   77
Le handicap   79
Le réchauffement climatique 81
Le foot   83
Nos artistes   85
L'impôt   87
Nos futurs artistes   89
Le maire   91
Création d'entreprises   93
Richesses africaine   95
La pollution   97
La drogue   99
Tous pucés   101
Subventions   103
Internet   105
Le propriétaire   107
Le banquier   109
Mensonge   111
Destruction de l'Homme   113

Les vérités d'un comtois révolté

Ouvrage autoédité à compte d'auteur par Patrice

FROISSARD Imprimé en France
Dépôt légal 4ème trimestre 2014
ISBN 978-2-9550930-0-9

Dans cet ouvrage, l'auteur nous donne son point de vue, sa vérité, sur le fonctionnement de notre système politique et économique, qui favorise toujours les PLUS riches.

Il insiste particulièrement sur le fait que de plus en plus de Français rencontrent de grands problèmes dans leur vie quotidienne, soit parce qu'ils ne trouvent pas de travail, soit parce que leur pouvoir d'achat a trop diminué à cause des taxes insupportables qu'ils doivent payer.

9 782955 093009

Prix : 15 €

Photo : harsenee@gmail.com